नई राष्ट्रीय शिक्षा नीति 2020 पर आधारित

एन.सी.ई.आर.टी. द्वारा तैयार की गई हिंदी पाठ्यपुस्तक वसंत भाग-1 पर आधारित

Active Learning

AF815352

वसंत

अभ्यास-पुस्तिका

लेखिका
चित्रा गुप्ता

6

मुख्य विशेषताएँ–

- शब्द-ज्ञान बढ़ाने में सहायक।
- लिंग, वचन, कारक, विलोम, पर्यायवाची आदि के माध्यम से शब्द-ज्ञान में बढ़ोतरी करना।
- कहानी, कविता आदि से संबंधित तर्कपूर्ण उत्तर सोचना।
- सृजनात्मक लेखन संबंधी अभ्यासों का भरपूर समावेश।
- पाठों से संबंधित सरल बोधात्मक प्रश्नों के उत्तर देना।

यह पुस्तक .... की है।

लक्ष्मी पब्लिकेशंज़ (प्रा.) लिमिटेड
(An ISO 9001: 2015 Company)
कोच्चि • कोलकाता • गुवाहाटी • चेन्नई • जालंधर
बेंगलुरु • मुंबई • राँची • लखनऊ • हैदराबाद
नई दिल्ली

वसंत अभ्यास पुस्तिका - 6

भारत में मुद्रित और जिल्दबंद
टाइपसैट : जे. आर. इंटरप्राइजिज, दिल्ली
नवीनतम संस्करण
ISBN: 978-93-5274-268-4

शाखाएँ

✆ कोच्चि	0484-237 70 04,	405 13 03
✆ कोलकाता	033-22 27 43 84	
✆ गुवाहाटी	0361-254 36 69,	251 38 81
✆ चेन्नई	044-24 34 47 26,	24 35 95 07
✆ जालंधर	0181-222 12 72	
✆ बेंगलुरु	080-26 75 69 30	
✆ मुंबई	022-24 93 12 61	
✆ राँची	0651-220 44 64	
✆ लखनऊ	0522-220 99 16	
✆ हैदराबाद	040-27 55 53 83,	27 55 53 93

भारत में प्रकाशित, द्वारा–

Laxmi Publications (P) Ltd.
(An ISO 9001:2015 Company)
113, गोल्डन हाउस, दरियागंज,
नई दिल्ली-110002, इंडिया
फोन : 91-11-4353 2500, 4353 2501
फैक्स : 91-11-2325 2572, 4353 2528
www.laxmipublications.com info@laxmipublications.com

C—01740/019/03
मुद्रक: ESS KAY Press Pvt Ltd., Delhi

दो बातें

'**वसंत भाग–1 अभ्यास-पुस्तिका**' छठी कक्षा के लिए एन.सी.ई.आर.टी. द्वारा तैयार की गई हिंदी पाठ्यपुस्तक वसंत भाग–1 पर आधारित है जिसका मुख्य उद्देश्य पाठ्यपुस्तक में दिए गए मौखिक अभ्यासों को लिखित रूप में परिवर्तित कर विद्यार्थियों में सुनना, समझना, पढ़ना तथा लिखना आदि भाषिक कौशलों को विकसित करना है। साथ ही, यह अभ्यास-पुस्तिका विद्यार्थियों के शब्द-बोध व अर्थग्रहण संबंधी कौशलों को बढ़ाने तथा दृढ़ता प्रदान करने में बहुत ही सहायक सिद्ध होगी। यह उन सभी उद्देश्यों को भी बखूबी पूरा करती है जिन्हें ध्यान में रखकर वसंत भाग–1 तैयार की गई है। इस अभ्यास-पुस्तिका की निम्नलिखित विशेषताएँ हैं–

- शब्द-ज्ञान बढ़ाने में सहायक।
- लिंग, वचन, कारक, विलोम, पर्यायवाची आदि के माध्यम से शब्द-ज्ञान में बढ़ोतरी करना।
- कहानी, कविता आदि से संबंधित तर्कपूर्ण उत्तर सोचना।
- सृजनात्मक लेखन संबंधी अभ्यासों का भरपूर समावेश।
- पाठों से संबंधित सरल बोधात्मक प्रश्नों के उत्तर देना।

इस अभ्यास-पुस्तिका को और अधिक रोचक, ज्ञानवर्द्धक तथा आनंदकर बनाने हेतु आप सभी विद्वानों के उपयोगी सुझाव सादर आमंत्रित हैं।

–लेखिका

विषय-सूची

1 वह चिड़िया जो

शब्दार्थ

शब्द	अर्थ
संतोषी	संतोष करने वाली
गर्वीली	गर्व करने वाली
विजन	एकांत
टटोलकर	खोजना
रुचि	इच्छा/पसंद

कविता से

प्रश्न 1. नीचे दिए गए प्रश्नों के उत्तर लिखिए–

(क) कविता का कोई और उपयुक्त शीर्षक सोचकर लिखिए।

....

....

(ख) कविता के आधार पर बताइए कि चिड़िया को किन-किन चीज़ों से प्यार है।

....

(ग) कविता के आधार पर चिड़िया की विशेषताएँ बताइए।

(घ) आशय स्पष्ट कीजिए–

दूध-भरे जुंडी के दाने
रुचि से, रस से खा लेती है

प्रश्न 2. कविता का सार अपने शब्दों में लिखिए–

प्रश्न 3. सही उत्तर पर (✓) का चिह्न लगाइए–

(क) चिड़िया स्वयं को 'छोटी संतोषी' कहती है क्योंकि–

(i) वह यह मानकर संतोष कर लेती है कि वह छोटी है।

(ii) वह छोटी-छोटी चीजों से संतोष कर लेती है।

(iii) वह जौ-बाजरे के दाने खाकर ही संतोष कर लेती है।

(ख) चिड़िया बूढ़े वन-बाबा की खातिर रस उँड़ेल कर गाती है क्योंकि–

(i) वन चिड़िया को आवास और अन्य चीजें प्रदान करता है इसलिए वह उन्हें धन्यवाद देना चाहती है।

(ii) वन-बाबा को रसीले गीत सुनना अच्छा लगता है।

(iii) वन-बाबा बूढ़े हैं।

(ग) चिड़िया को अन्न से प्यार है क्योंकि–

(i) उसे अन्न खाना अच्छा लगता है।

(ii) वह अन्न का महत्त्व समझती है।

(iii) वह जानती है कि अन्न उगाने के लिए किसान को कितनी मेहनत करनी पड़ती है।

(घ) चढ़ी नदी का अर्थ है–

(i) पहाड़ी नदी।

(ii) नकचढ़ी नदी।

(iii) पानी से लबालब, उफनती हुई नदी।

प्रश्न 4. नीचे दी गई पंक्तियों को पूरा कीजिए–

वह ....

चोंच ....

.... टटोलकर

.... जाती है

वह छोटी ....

.... मैं हूँ।

मुझे नदी से ....।

भाषा ज्ञान

प्रश्न 5. जो शब्द संज्ञा या सर्वनाम की विशेषता बताते हैं उसे विशेषण कहते हैं। विशेषण जिस शब्द की विशेषता बताते हैं, उसे विशेष्य कहते हैं।

जैसे– (1) पंखोंवाली चिड़िया

नीले पंखोंवाली चिड़िया

रंगीन शब्द विशेषण है और चिड़िया विशेष्य है। नीचे कुछ और विशेषण दिए गए हैं। ऊपर दिए गए उदाहरण की तरह इनके आगे एक-एक विशेषण और जोड़ो।

पेड़ोंवाला घर

फूलोंवाली क्यारी

मूछोंवाला आदमी

ऊपरवाली दराज

....

....

....

....

....

प्रश्न 6. जो शब्द क्रिया की विशेषता बताते हैं उसे क्रिया-विशेषण कहते हैं।

जैसे–रस उँडेल कर गा लेती है में 'रस उँडेल कर' गाना क्रिया की विशेषता है।

(क) कविता से पाँच क्रिया शब्द ढूँढ़कर लिखें–

....

....

....

....

....

(ख) नीचे दिए गए वाक्यों में क्रिया-विशेषण शब्द रेखांकित करें–

(i) वह धीरे-धीरे चल रहा है।

(ii) दोनों हँस-हँसकर बातें कर रहे थे।

(iii) राधा जोर-जोर से चिल्लाई।

(iv) गाड़ी के पीछे राम तेजी से दौड़ा।

प्रश्न 7. नीचे दी गई वर्ग-पहेली से समानार्थी शब्द ढूँढ़कर लिखिए–

ष	श	ह	ल	य	पंख	....	....
मु	र	पा	फ	ग	वन	....	....
ख	प	नी	क	ला	कंठ	....	....
इ	र	अ	म	उ	जल	....	....
आ	ऊ	जं	ग	ल	मुँह	....	....

कुछ करने को

प्रश्न 8. चित्र देखकर कहानी लिखिए।

2

बचपन

शब्दार्थ

शब्द	अर्थ
स्टॉक	संग्रह
खुराक	निश्चित मात्रा
खीजना	झुंझलाना
ऑलिव ऑयल	जैतून का तेल
आश्वासन	भरोसा

संस्मरण से

प्रश्न 1. नीचे दिए गए प्रश्नों के उत्तर लिखिए–

(क) इतवार की सुबह लेखिका और अन्य बच्चे क्या-क्या करते थे?

....

....

....

(ख) लेखिका के बचपन के समय और आज के समय में क्या-क्या अंतर आ चुके हैं?

....

....

....

....

....

(ग) लेखिका ने 'ऑलिव ऑयल' या कैस्टर ऑयल को 'शनिवारी दवा' क्यों कहा है?

....

....

(घ) लेखिका को चश्मा क्यों लगाना पड़ा? चश्मा लगाने पर उनके चचेरे भाई उन्हें क्या कहकर चिढ़ाते थे?

....

....

....

....

....

(ङ) लेखिका अपने बचपन में कौन-कौन सी चीज़ें मज़ा ले-लेकर खाती थी?

....

....

प्रश्न 2. रिक्त स्थान भरिए–

(क) मैंने पिछले दशकों में तरह-तरह की .... पहनी हैं।

(ख) बचपन के कुछ .... तो मुझे अब तक याद हैं।

(ग) शिमला के .... भी बहुत याद आते हैं।

(घ) वहाँ आँखों के डॉक्टर .... थे।

(ङ) मैंने अपने छोटे भाई का .... उठाकर सिर पर रखा।

प्रश्न 3. बताइए इस पाठ से हमें क्या शिक्षा मिलती है?

....

....

....

....

....

भाषा ज्ञान

प्रश्न 4. पाठ से अंग्रेज़ी शब्द ढूँढ़कर लिखिए।

....

....

प्रश्न 5. क्रियाओं से भी भाववाचक संज्ञाएँ बनती हैं। जैसे– *पलटना से* **पलट**, *हड़पना से* **हड़प** *आदि भाववाचक संज्ञाए बनी हैं। पाठ से कुछ क्रियाएँ छाँटकर लिखें और उनसे भाववाचक संज्ञा बनाएँ।*

क्रियाएँ	भाववाचक संज्ञा
....	....
....	....
....	....
....	....
....	....

प्रश्न 6. नीचे दिए गए वाक्यों में संख्यावाचक विशेषण शब्दों पर गोला ◯ और परिमाणवाचक विशेषण शब्दों पर रेखा खींचिए–

(क) लेखिका के पास दो चश्मे थे।

(ख) माँ नाश्ते में पाव भर दूध देती थी।

(ग) मुझे फ्रॉक के लिए दो मीटर कपड़ा चाहिए।

(घ) मेरे पास चार टोपियाँ हैं।

(ङ) मैंने एक आइसक्रीम खाई।

नोट: *जो विशेषण शब्द विशेष्य की संख्या बताए, उसे संख्यावाचक विशेषण और जो विशेष्य की मात्रा को इंगित करे, उसे परिमाणवाचक विशेषण कहते हैं।*

कुछ करने को

प्रश्न 7. **आपका बचपन चल रहा है। अपने बचपन की स्मरणीय बातें लिखकर बताइए।**

....

....

....

....

प्रश्न 8. **अपने माता-पिता से उनके बचपन के बारे में बातचीत करिए और की गई बातचीत को संवाद के रूप में लिखिए।**

....

....

....

....

....

....

....

....

....

....

3
नादान दोस्त

शब्दार्थ

शब्द	अर्थ
जिज्ञासा	जानने की इच्छा
अधीर	बेचैन
तसल्ली	दिलासा
पेचीदा	कठिन
स्वीकृत	मंजूर

कहानी से

प्रश्न 1. नीचे दिए गए प्रश्नों के उत्तर लिखिए—

(क) कहानी का कोई और शीर्षक सोचकर लिखिए।

....

....

(ख) चिड़ा-चिड़िया को देखकर केशव और श्यामा के मन में क्या-क्या सवाल उठते थे?

....

....

....

....

(ग) केशव और श्यामा आपस में ही सवाल-जवाब करके दिल को तसल्ली क्यों दे दिया करते थे?

....

....

(घ) केशव और श्यामा ने चिड़िया के बच्चों को खिलाने-पिलाने की क्या व्यवस्था की?

....

....

(ङ) केशव और श्यामा ने चिड़िया के अंडों की रक्षा की या नादानी?

....

....

....

....

....

....

प्रश्न 2. किसने, किससे कहा?

	कथन	किसने कहा	किससे कहा
(क)	क्यों भइया, बच्चे निकलकर फुर्र से उड़ जाएँगे?	....	....
(ख)	बच्चों को क्या खिलाएगी बेचारी?	....	....
(ग)	जाकर कूड़ा फेंकने वाली टोकरी उठा लाओ।	....	....
(घ)	तीन अंडे हैं, अभी बच्चे नहीं निकले।	....	....
(ङ)	मैंने कहा न था कि दोपहर को न निकलना?	....	....

प्रश्न 3. नीचे दिए गए प्रश्नों के उपयुक्त उत्तर पर (✓) का चिह्न लगाइए–

(क) केशव और श्यामा क्यों घबरा उठे?

(*i*) दोनों सोचने लगे पर निकलते ही बच्चे उड़ जाएँगे तो चिड़िया बेचारी क्या करेगी।

(*ii*) दोनों सोचने लगे यदि अम्मा ने चिड़िया को घर से दाना उठाते देख लिया तो वह उसे उड़ा देगी।

(*iii*) दोनों सोचने लगे चिड़िया बेचारी सभी बच्चों का पेट भरने के लिए दाना कहाँ से लाएगी।

(ख) केशव ने श्यामा को चिड़िया का घोंसला क्यों नहीं दिखाया?

(*i*) उसे डर था कि श्यामा यदि स्टूल से गिर गई तो अम्मा उसे मारेगी।

(*ii*) केशव श्यामा पर रोब झाड़ना चाहता था।

(*iii*) केशव श्यामा को बिल्कुल पसंद नहीं करता था।

(ग) केशव और श्यामा के मन में उठते हुए सवालों का जवाब कोई और क्यों नहीं देता था?

(*i*) उनके घर में और कोई नहीं था।

(*ii*) अम्मा को घर के कामों से फुरसत नहीं थी और उनके पिताजी लिखने-पढ़ने में लगे रहते थे।

(*iii*) उन दोनों को किसी दूसरे के जवाब पसंद नहीं थे।

(घ) केशव को डाँटने के बजाय माँ को हँसी क्यों आ गई?

(*i*) केशव की रोनी सूरत देखकर।

(*ii*) अंडों के टूट जाने पर।

(*iii*) चिड़िया के घर से उड़ जाने पर।

(ङ) केशव कभी-कभी इस घटना को याद कर क्यों रो पड़ता था?

(*i*) उसे दुख था कि अम्मा ने उसे डाँटा।

(*ii*) उसे दुख था कि वह चिड़िया के बच्चों को नहीं देख सका।

(*iii*) उसे दुख था कि अंडों की हिफ़ाजत करने में उसने उनकी हत्या कर डाली।

प्रश्न 4. रिक्त स्थान भरिए–

(क) केशव के घर .... एक चिड़िया ने अंडे दिए थे।

(ख) श्यामा माँ की .... मटके से चावल निकाल लाई।

(ग) .... दफ़्तर गए हुए थे।

(घ) अंडो की .... की तैयारियाँ होने लगीं।

(ङ) .... भीगी बिल्ली बना खड़ा रहा।

भाषा ज्ञान

प्रश्न 5. नीचे दिए गए शब्द-युग्मों से वाक्य बनाइए–

काम-धंधा, पढ़ना-लिखना, तीन-चार, सवाल-जवाब, आना-जाना।

उदाहरण–तीन-चार-वह तीन-चार दिनों से मेरे घर नहीं आया।

....

....

....

....

....

प्रश्न 6. नीचे दिए गए मुहावरों के अर्थ लिखकर वाक्यों में प्रयोग कीजिए–

(क) आँखें चुराना

(ख) आँखें डबडबाना

(ग) उल्टे पाँव लौटना

(घ) भीगी बिल्ली होना

(ङ) धाक जमाना

....

....

....

....

....

....

....

....

....

....

प्रश्न 7. नीचे दिए गए वाक्यों में उपयुक्त योजक शब्द लिखें–

(क) चिड़ा .... चिड़िया दोनों घोंसले में बैठे हैं।

(ख) उन्होंने अनुमान लगाया .... अब जरूर बच्चे निकल आए होंगे।

(ग) किवाड़ केशव ने खोला था, ... श्यामा ने माँ से यह बात नहीं कही।

(घ) तू स्टूल पर से गिर जाएगी .... तू नीचे ही खड़ी रह।

(ङ) श्यामा पानी की प्याली .... चावल लाई .... चिड़िया के बच्चे भूखे न रहें।

नोट: *कुछ शब्द दो शब्दों या वाक्यों को जोड़ने का काम करते हैं। इन्हें योजक या समुच्चयबोधक शब्द कहते हैं।*

जैसे–

- *राम मेरा भाई है। श्याम मेरा भाई है।*

⇒ *राम और श्याम मेरे भाई हैं।*

- *खूब मन लगाकर पढ़ो। परीक्षा में प्रथम आओ।*

⇒ *खूब मन लगाकर पढ़ो ताकि परीक्षा में प्रथम आओ।*

कुछ करने को

प्रश्न 8. गरमियों या सरदियों में जब आपकी लंबी छुट्टियाँ होती हैं, तो आपका दिन कैसे बीतता है? अपनी बुआजी को एक पत्र लिखकर बताइए।

....

4

चाँद से थोड़ी-सी गप्पें

शब्दार्थ

शब्द	अर्थ
सिम्त	दिशाएँ
निरा	पूरा
मरज़	बीमारी
दम	साँस

कविता से

प्रश्न 1. नीचे दिए गए प्रश्नों के उत्तर लिखिए–

(क) लड़की को चाँद गोरा-चिट्टा क्यों नज़र आता है?

(ख) *'आप पहने हुए हैं कुल आकाश तारों-जड़ा'*, से लड़की का क्या आशय है?

....

....

....

(ग) लड़की को चाँद क्यों बीमार लगता है?

....

....

....

....

(घ) 'अपनी पोशाक को फैलाए हुए चारों सिम्त।' के माध्यम से लड़की क्या कहना चाहती है?

....

....

....

....

प्रश्न 2. नीचे दी गई पंक्तियों को पूरा कीजिए–

गोल हैं ....

.... ज़रा।

.... कुल आकाश

तारों-जड़ा,

.... हैं अपना

....-चिट्टा

गोल-मटोल,

.... हुए चारो सिम्त।

प्रश्न 3. नीचे दिए गए प्रश्नों के उपयुक्त उत्तर पर (✓) का चिह्न लगाइए–

(क) चाँद से गप्पें कौन लड़ा रहा है?

(*i*) लड़की ☐ (*ii*) लड़का ☐

(*iii*) तारे ☐ (*iv*) आकाश ☐

(ख) चाँद की पोशाक पर क्या जड़ा है?

(*i*) सूरज ☐ (*ii*) तारे ☐

(*iii*) बादल ☐ (*iv*) बिजली ☐

(ग) चाँद कब घटते-घटते गायब हो जाता है?

(*i*) दिन ☐ (*ii*) रात ☐

(*iii*) पूर्णिमा ☐ (*iv*) अमावस्या ☐

(घ) चाँद के घटने-बढ़ने का क्या कारण कविता में बताया गया है?

(*i*) जादू ☐ (*ii*) नजर का फेर ☐

(*iii*) बीमारी ☐ (*iv*) इनमें से कोई नहीं। ☐

(ङ) गप्पे लड़ाने वाली लड़की को चाँद कैसा दिखता है?

(*i*) गोल ☐ (*ii*) अधूरा ☐

(*iii*) तिरछा ☐ (*iv*) पतला-सा ☐

भाषा ज्ञान

प्रश्न 4. नीचे दिए गए शब्दों के तीन-तीन पर्यायवाची शब्द लिखिए–

(क) आकाश **(ख)** चाँद

(ग) रात **(घ)** बादल

(ङ) वस्त्र

....

....

....

....

....

नोट: *जो शब्द एक-सा ही अर्थ बताने वाले हों, वे 'समानार्थी' या 'पर्यायवाची शब्द' कहलाते हैं।*

प्रश्न 5. नीचे दिए गए मुहावरों को उनके अर्थ से मिलाइए–

(क)	ईद का चाँद होना	प्रतिष्ठा बढ़ जाना।
(ख)	चाँद गंजी होना	किसी की निंदा करना जिसका विपरीत प्रभाव स्वयं निंदक पर पड़े।
(ग)	चाँद पर थूकना	बहुत दिनों बाद दिखाई देना
(घ)	चार चाँद लगना	बहुत मार पड़ना।

प्रश्न 6. नीचे दिए गए शब्दों को उनके उचित विशेषण से मिलाइए–

शब्द	**विशेषण**
पानी	मोटा
खीर	रंग बिरंगे
आदमी	ठंडा
फूल	मीठी
घास	सूती
कपड़ा	हरी

प्रश्न 7. 'बिल्कुल गोल' शब्द कविता में आया है इसके दो अर्थ हैं–

(क) गोल आकार का

(ख) गायब होना

ऐसे तीन और शब्द सोचकर लिखिए जिनके दो-दो अर्थ निकलते हों।

.... – ....

.... – ....

.... – ....

अपठित काव्यांश

प्रश्न 8. जब गीतकार मर गया, चाँद रोने आया,
चाँदनी मचलने लगी, कफ़न बन जाने को।
मलयानिल ने शव को कंधों पर उठा लिया,
वन ने भेजे चंदन श्रीखंड जलाने को।

सूरज बोला, यह बड़ी रोशनी वाला था,
मैं भी न जिसे भर सका कभी उजियाली से।
रंग दिया आदमी के भीतर की दुनिया को,
इस गायक ने अपने गीतों की लाली से।

उपरोक्त काव्यांश को पढ़कर प्रश्नों के सही उत्तर पर (✓) लगाइए–

(क) चाँद क्यों रोने लगा था?

(*i*) रोशनी कम हो जाने के कारण ☐
(*ii*) गीतकार के मरने के कारण ☐
(*iii*) सूरज की ज्वाला से परेशान होकर ☐
(*iv*) गायक के गीतों से पिघलकर ☐

(ख) गीतकार का कफ़न बनने की इच्छा किसके मन में उठी?

(*i*) किरणों के ☐ (*ii*) चाँद के ☐
(*iii*) चाँदनी के ☐ (*iv*) चंदन के ☐

(ग) वन ने गीतकार के शव के लिए क्या भेजा?

(*i*) फूल मालाएँ ☐ (*ii*) पत्ते ☐

(*iii*) चंदन की लकड़ियाँ ☐ (*iv*) फल ☐

(घ) गीतकार ने ऐसा क्या किया था जो सूरज भी न कर सका?

(*i*) दुनिया को रोशन कर दिया था। ☐

(*ii*) दुनिया को अंधेरे के गर्त में डुबो दिया था। ☐

(*iii*) आदमी के भीतर की दुनिया को रंग दिया था। ☐

(*iv*) सबको मंत्र-मुग्ध कर दिया था। ☐

(ङ) गीतकार ने दुनिया को किससे रंग दिया था?

(*i*) अपने गीतों की लाली से ☐ (*ii*) सूरज की लाली से ☐

(*iii*) प्रेम के रंगों से ☐ (*iv*) होली के गुलाल से ☐

कुछ करने को

प्रश्न 9. कृष्ण पक्ष और शुक्ल पक्ष का क्या अर्थ होता है?

....

....

....

....

....

....

....

....

....

प्रश्न 10. चाँद पर एक कविता लिखिए।

....

....

....

....

....

....

....

....

....

....

....

....

....

....

....

5 अक्षरों का महत्व

शब्दार्थ

शब्द	अर्थ
सिलसिला	क्रम
मुश्किल	कठिन
तादाद	संख्या
चहुँ	चारों
द्योतक	सूचक

निबंध से

प्रश्न 1. नीचे दिए गए प्रश्नों के उत्तर लिखिए–

(क) अक्षरों का क्या महत्व है?

....

....

....

....

(ख) अक्षरों की खोज किसने की और लगभग कितने साल हो चुके हैं?

....

....

....

....

(ग) प्रागैतिहासिक काल में मानव अपने भाव कैसे व्यक्त करता था?

....

....

....

(घ) अक्षरों की खोज के साथ एक नए युग की शुरुआत हुई। अपने विचार व्यक्त कीजिए।

....

....

....

....

(ङ) मानव का तेजी से विकास कब से हुआ?

....

....

....

....

प्रश्न 2. नीचे दिए गए वाक्यों के सामने सही (✓) अथवा गलत (✗) का चिह्न लगाइए–

(क) अक्षरों की खोज ईश्वर ने की है। ☐

(ख) प्रागैतिहासिक मानव ने सबसे पहले चित्रों के जरिए अपने भाव व्यक्त किए। ☐

(ग) भाव-संकेतों के बाद में चित्र-संकेत अस्तित्व में आए। ☐

(घ) अक्षरों की खोज के साथ एक नए युग की शुरुआत हुई। ☐

(ङ) यदि अक्षरों की खोज नहीं होती तो आज हम इतिहास को नहीं जान पाते। ☐

प्रश्न 3. नीचे दिए गए शब्दों को सही क्रम में लगाते हुए वाक्य बनाइए–

(क) छप चुकी हैं / करोड़ों / दुनिया में / अब तक / पुस्तकें

....

(ख) पुरानी है / यह धरती / पाँच अरब / साल / लगभग / हमारी

....

(ग) औज़ारों का / वह / पत्थरों के / करता था / इस्तेमाल

....

(घ) मनुष्य की / खोज / सबसे बड़ी / अक्षरों की / खोज है।

....

प्रश्न 4. रिक्त स्थान भरिए–

(क) सारी पुस्तकें .... से बनी हैं।

(ख) यह धरती लगभग .... पुरानी है।

(ग) .... मानव ने सबसे पहले चित्रों के जरिए अपने भाव व्यक्त किए।

(घ) अक्षरों की खोज .... की सबसे बड़ी खोज है।

(ङ) हम सबको अक्षरों की .... मालूम होनी चाहिए।

भाषा ज्ञान

प्रश्न 5. निम्नलिखित वाक्यों में रंगीन शब्दों के पर्यायवाची शब्द लिखकर वाक्य पुनः लिखिए।

(क) गाड़ी चलाते-चलाते उसकी लोचन लग गई।

....

(ख) आज ठण्डा नीर पिया।

....

(ग) मैं अपनी जननी को प्रतिदिन प्रणाम करता हूँ।

....

(घ) मैंने बगीचे में रंग-बिरंगे कुसुम देखे।

....

प्रश्न 6. नीचे दिए गए वाक्यांशों के लिए एक शब्द लिखिए–

(क) देश विदेश में घूमने वाला – ....

(ख) पृथ्वी पर रहने वाला – ....

(ग) जिसका कोई आधार न हो – ....

(घ) जिसकी बहुत अधिक चर्चा हो – ....

(ङ) जो इस लोक का न हो – ....

कुछ करने को

प्रश्न 7. अक्षरों के बिना हमारा जीवन कैसा होता? इस पर लेख लिखिए।

....

....

....

....

....

....

....

....

....

....

....

....

....

6 पार नज़र के

शब्दार्थ

शब्द	अर्थ
चुनिंदा	चुने हुए
अवलोकन	देखना
सक्षम	योग्य
यांत्रिक	यंत्रों से बना

कहानी से

प्रश्न 1. नीचे दिए गए प्रश्नों के उत्तर दीजिए–

(क) छोटू के पापा किस रास्ते से काम पर जाते थे?

....

....

(ख) छोटू को सुरंग में क्यों नहीं जाने दिया जाता था?

....

....

....

....

(ग) सिपाही ने छोटू को कैसे पकड़ लिया?

....

....

(घ) छोटू के पापा सुरंग में क्या-क्या पहनकर जाते थे? उससे उन्हें क्या लाभ मिलता था?

....

....

....

....

(ङ) कंट्रोल रूम में जाकर छोटू ने क्या हरकत की?

....

....

....

....

....

प्रश्न 2. रिक्त स्थान भरिए–

(क) रोज़ाना यही .... हुआ करता था छोटू की माँ और छोटू के बीच।

(ख) मैं वहाँ एक खास किस्म का .... पहनकर जाता हूँ।

(ग) ज़मीन के ऊपर चलने-फिरने के लिए हमें एक विशेष प्रकार का .... दिया जाता है।

(घ) .... के आधार पर हमने ज़मीन के नीचे अपना घर बना लिया।

प्रश्न 3. नीचे दिए गए प्रश्नों के उपयुक्त उत्तर पर (✓) का निशान लगाइए–

(क) किसके बगैर सुरंग में नहीं जा सकते थे?

(*i*) सिक्योरिटी-पास ☐ (*ii*) आधार कार्ड ☐

(*iii*) पैन कार्ड ☐

(ख) सुरंग में जगह-जगह क्या लगे हुए थे?

(i) लाल बटन ☐ (ii) निरीक्षक यंत्र ☐

(iii) स्विच बोर्ड ☐

(ग) सुरंग से छोटू को पकड़कर कौन घर वापस छोड़ आया?

(i) छोटू के चाचा ☐ (ii) पापा के मित्र ☐

(iii) सिपाही ☐

(घ) छोटू को कौन-सा बटन अपनी तरफ खींच रहा था?

(i) लाल-लाल बटन ☐ (ii) हरा-हरा बटन ☐

(iii) पीला-पीला बटन ☐

प्रश्न 4. मिलान कीजिए–

(क) एक सुरंगनुमा	सिक्योरिटी-पास था।
(ख) पापा के पास	कॉन्सोल पैनेल पर था।
(ग) पूरी कालोनी	रास्ता था।
(घ) छोटू का सारा ध्यान	कार्ड डाला।
(ङ) छोटू ने खाँचे में	जमीन के नीचे बसी थी।

भाषा ज्ञान

प्रश्न 5. प्रत्यय लगाकर शब्द बनाइए–

छात्र + आ = ...

धर्म + इक = ...

भतीजा + ई = ...

भारत + ईय = ...

पड़ोसी + इन = ...

प्रश्न 6. वर्ग-पहेली से समानार्थी शब्द ढूँढ़कर लिखिए–

क	भू	त्र	झ	ज
थ	मि	घ	फ	सं
अ	वा	यु	ज्ञ	सा
नो	म	ल	म	र
खा	व	ष	श	आ
फ	ब	न	य	न

पृथ्वी – ....

आँख – ....

अद्भुत – ....

हवा – ....

विश्व – ....

प्रश्न 7. नीचे दिए गए वाक्यों में कौन-सी क्रिया है?

(क) छोटू ने खाँचे में कार्ड डाला। ....

(ख) निरीक्षक यंत्र ने तस्वीर खींच ली। ....

(ग) मैं वहाँ एक खास किस्म का स्पेस-सूट पहनकर जाता हूँ। ....

(घ) अध्यक्ष भाषण दे रहे थे। ....

नोट:

सकर्मक क्रिया–इन क्रियाओं में कर्म की आवश्यकता होती है।

जैसे– *वह खाना खा रही है। (खा रही क्रिया के साथ खाना कर्म है।)*

अकर्मक क्रिया–*इन क्रियाओं में कर्म की आवश्यकता नहीं होती।*

जैसे– *वह सो रही है। (सो रही क्रिया है, इसके साथ कर्म नहीं है।)*

प्रश्न 8. 'नज़र' शब्द का प्रयोग करते हुए पाँच मुहावरे लिखिए और मुहावरों का अर्थ लिखकर उनका वाक्यों में प्रयोग कीजिए।

(क) ....

....

(ख) ....

....

(ग) ....

....

(घ) ....

....

(ङ) ....

....

कुछ करने को

प्रश्न 9. चित्र देखकर अपने शब्दों में घटना का वर्णन कीजिए।

....

....

....

7

साथी हाथ बढ़ाना

शब्दार्थ

शब्द	अर्थ
सीस	सिर
फ़ौलादी	लोहे जैसा
मंजिल	मुकाम
दरिया	नदी
कतरा	बूँद
ज़र्रा	किसी वस्तु का बहुत छोटा अंश

प्रश्न 1. नीचे दिए गए प्रश्नों के उत्तर लिखिए–

(क) कविता का कोई और उपयुक्त शीर्षक सोचकर लिखिए।

(ख) 'साथी हाथ बढ़ाना' कविता से हमें क्या प्रेरणा मिलती है?

(ग) एक साथ मिलकर काम करने के क्या लाभ हैं?

....

....

....

....

....

(घ) आशय स्पष्ट कीजिए–

"हम मेहनत वालों ने जब भी, मिलकर कदम बढ़ाया

सागर ने रस्ता छोड़ा, परबत ने सीस झुकाया।"

....

....

....

....

....

....

....

प्रश्न 2. इस गीत को आप किन अवसरों पर गा सकते हैं? संक्षेप में लिखिए?

....

....

....

....

....

....

....

प्रश्न 3. नीचे दिए गए प्रश्नों के उपयुक्त उत्तर पर (✓) का चिह्न लगाइए–

(क) 'साथी' का सही अर्थ क्या है?

(i) साथ पढ़ने वाला ☐ (ii) साथ चलने वाला ☐

(iii) साथ देने वाला ☐

(ख) किसके सहारे मनुष्य अपना भाग्य बदल सकता है?

(i) धन ☐ (ii) मेहनत ☐

(iii) किस्मत ☐

(ग) कतरा, दरिया का रूप कब ले लेता है?

(i) आपसी मेल-जोल से ☐

(ii) दरिया से अलग होकर ☐

(iii) कतरा-कतरा से अलग होकर ☐

प्रश्न 4. नीचे दी गई पंक्तियों को पूरा कीजिए।

साथी ....

...., मिलकर बोझ उठाना।

साथी ....।

...., मिलकर कदम बढ़ाया

सागर ने रास्ता छोड़ा, ...

.... फ़ौलादी हैं बाँहें

.... पैदा कर दें राहें

.... बढ़ाना।

भाषा ज्ञान

प्रश्न 5. नीचे दिए गए शब्दों के शुद्ध रूप लिखिए–

शब्द	शुद्ध रूप
रस्ता	....
परबत	....
सीस	....
इंसाँ	....

प्रश्न 6. 'हाथ' शब्द का प्रयोग करते हुए पाँच मुहावरे लिखिए और मुहावरों का अर्थ लिखकर उनका वाक्यों में प्रयोग कीजिए।

1. ....

....

2. ....

....

3. ....

....

4. ....

....

5. ....

....

प्रश्न 7. चित्र देखकर लोकोक्ति लिखिए और अर्थ लिखकर वाक्य प्रयोग कीजिए।

अकेला

कुछ करने को

प्रश्न 8. दिए गए चित्र में कुछ लोग मिलकर कुआँ खोद रहे हैं। इस पर अनुच्छेद लिखिए।

8
ऐसे-ऐसे

शब्दार्थ

शब्द	अर्थ
प्रकोप	बीमारी का बढ़ना
बेचैन	जिसे आराम न हो
नटखट	चंचल
मौन	चुप
अट्टहास	जोर से हँसी

प्रश्न 1. नीचे दिए गए प्रश्नों के उत्तर लिखिए–

(क) बस-अड्डे पर आकर मोहन अपने पिता से क्या कहता है?

(ख) मोहन की माँ मोहन के 'ऐसे-ऐसे' कहने पर क्यों घबरा रही थी?

(ग) माँ ने मोहन की बीमारी को ठीक करने के लिए मोहन को क्या-क्या दिया?

....

....

(घ) वैद्य जी और डॉक्टर साहब मोहन को क्या बीमारी बताते हैं?

....

....

....

(ङ) मास्टर जी ने 'ऐसे-ऐसे' को क्या बताया?

....

....

(च) मास्टर जी ने मोहन को 'ऐसे-ऐसे' बीमारी की दवा क्या बताई?

....

....

....

प्रश्न 2. किसने, किससे कहा?

	कथन	किसने कहा	किससे कहा
(क)	न-न, ऐसे मत कर! अभी ठीक हुआ जाता है। अभी डॉक्टर को बुलाया है।	....	....
(ख)	बस 'ऐसे-ऐसे' करता रहा।	....	....
(ग)	अजी, घर क्या, पड़ोस को भी गुलज़ार किए रहता है।	....	....
(घ)	बताओ, बेटा! डॉक्टर साहब को समझा दो।	....	....

प्रश्न 3. नीचे दिए गए प्रश्नों के उपयुक्त उत्तर पर (✓) का चिह्न लगाइए–

(क) मोहन किस कक्षा में पढ़ता है?

(*i*) पाँचवी ☐ (*ii*) तीसरी ☐

(*iii*) छठी ☐

(ख) मोहन के पेट में क्या हो रहा था?

(i) कुछ-कुछ ☐ (ii) गड़बड़ ☐

(iii) 'ऐसे-ऐसे' ☐

(ग) मोहन के पिता डॉक्टर साहब को कितने रुपए देते हैं?

(i) पाँच रुपए ☐ (ii) दस रुपए ☐

(iii) बीस रुपए ☐

(घ) 'ऐसे-ऐसे' की बीमारी को कौन जानता था?

(i) डॉक्टर साहब ☐ (ii) मोहन की माँ ☐

(iii) मास्टर जी ☐

भाषा ज्ञान

प्रश्न 4. नीचे दिए गए मुहावरों को उनके अर्थ से मिलाइए–

(क)	भला-चंगा होना	बार-बार कहना
(ख)	खूब छकाना	मुँह पर उदासी छाना
(ग)	धमा-चौकड़ी करना	स्वस्थ होना
(घ)	रट लगाना	बहुत परेशान करना
(ङ)	मुँह उतरना	शोर-गुल मचाना

प्रश्न 5. नीचे दिए गए शब्दों में से उपसर्ग व प्रत्यय अलग करके लिखिए–

(क) अनुशासन – .... + ...

(ख) सकुशल – .... + ...

(ग) सौदागर – .... + ...

(घ) कपूत – .... + ...

(ङ) रोशनदान – .... + ...

(च) प्रगति – .... + ...

(छ) कलाकार – .... + ...

(ज) दूधवाला – .... + ...

नोट: *जो शब्दांश शब्द के आगे लगकर नए शब्दों का निर्माण करते हैं, उन्हें उपसर्ग कहते हैं तथा जो शब्दांश शब्द के अंत में लगकर नए शब्दों का निर्माण करते हैं, उन्हें प्रत्यय कहते हैं।*

जैसे–*उपस्थिति = उप (उपसर्ग) + स्थिति, दुकानदार = दुकान + दार (प्रत्यय)*

प्रश्न 6. पाठ में से पाँच शब्द-युग्म ढूँढ़कर लिखिए और वाक्य बनाइए–

उदाहरण–समय-समय   यह समय-समय की बात है।

1. ....
2. ....
3. ....
4. ....
5. ....

कुछ करने को

प्रश्न 7. ऐसे कौन से बहाने हैं? जो आपकी माँ एक ही बार में सुनकर समझ जाती है?

....

....

....

....

....

प्रश्न 8. क्या काम से बचने के लिए रोज-रोज बहाना करना उचित है और क्यों?

....

....

....

....

9

टिकट-अलबम

शब्दार्थ

शब्द	अर्थ
साँकल	दरवाजे पर लगी लोहे की कड़ी
अलबम	फोटो को संग्रह करने की फाइल
अनंत	जिसका अंत न हो
अपमान	बेइज्जती
भयानक	डरावना
हेकड़ी	अकड़

प्रश्न 1. नीचे दिए गए प्रश्नों के उत्तर लिखिए–

(क) नागराजन का अलबम किसने और कहाँ से भिजवाया था?

....

....

....

(ख) अब राजप्पा को कोई नहीं पूछता, सबके सब नागराजन को क्यों घेरे रहते थे?

....

....

....

....

(ग) राजप्पा ने अपनी अलबम किस प्रकार बनाई थी?

....

....

....

....

....

....

....

....

(घ) कृष्णन की बात पर राजप्पा मन ही मन क्यों कुढ़ने लगा?

....

....

....

(ङ) राजप्पा नागराजन के घर क्यों गया?

....

....

....

(च) अलबम को उसने कहाँ-कहाँ छिपाया?

....

....

....

....

(छ) राजप्पा अपना अलबम नागराजन को क्यों दे रहा था?

....

....

....

....

(ज) राजप्पा अपने अलबम को छाती से लगाकर फूट-फूटकर क्यों रोया?

....

....

....

....

प्रश्न 2. नीचे दिए गए वाक्यों में सही शब्द भरकर वाक्य पूरे कीजिए–

(क) आजकल सब-के-सब .... को घेरे रहते थे।

(*i*) राजप्पा (*ii*) नागराजन (*iii*) लड़के

(ख) नागराजन के मामाजी ने .... से एक अलबम भिजवाया था।

(*i*) सिंगापुर (*ii*) नागालैण्ड (*iii*) कनाडा

(ग) कुछ देर बाद नागराजन की बहन .... ऊपर आई।

(*i*) शीला (*ii*) पार्वती (*iii*) कामाक्षी

(घ) उसके पापा डी.एस.पी. के .... में ही तो काम करते हैं।

(*i*) घर (*ii*) दफ़्तर (*iii*) बगीचा

(ङ) उसने दरवाजा बंद कर लिया और अलबम को .... से लगाकर फूट-फूटकर रो दिया।

(*i*) छाती (*ii*) गला (*iii*) हाथ

प्रश्न 3. नीचे दिए गए प्रश्नों के उपयुक्त उत्तर पर (✓) का चिह्न लगाइए–

(क) नागराजन अन्य बच्चों को अपना अलबम कैसे दिखाता था?

(*i*) मेज पर रखकर ☐ (*ii*) जमीन पर रखकर ☐

(*iii*) गोद में रखकर ☐ (*iv*) स्टूल पर रखकर ☐

(ख) नागराजन का पूरा नाम क्या था?

(*i*) ए.एम. नागराजन ☐ (*ii*) ए.एल. नागराजन ☐

(*iii*) ए.एस. नागराजन ☐ (*iv*) ए.एन. नागराजन ☐

(ग) 'जलता है, ईर्ष्यालु कहीं का'।–यह राजप्पा को किसने कहा था?

(*i*) अपू ने ☐ (*ii*) कामाक्षी ने ☐

(*iii*) पार्वती ने ☐ (*iv*) कृष्णन ने ☐

(घ) कृष्णन ने राजप्पा के अलबम को क्या कहा?

(*i*) गंदा ☐ (*ii*) कूड़ा ☐

(*iii*) बेकार ☐ (*iv*) फालतू ☐

(ङ) राजप्पा ने किसके डर से अलबम जला दिया?

(*i*) नागराजन ☐ (*ii*) पुलिस ☐

(*iii*) कृष्णन ☐ (*iv*) कामाक्षी ☐

भाषा ज्ञान

प्रश्न 4. नीचे दिए गए विशेषण शब्दों से संज्ञा बनाइए–

विशेषण	संज्ञा
मेहनती	....
उत्सुकता	....

घमंडी	....
ईर्ष्यालु	....
नकलची	....

प्रश्न 5. नीचे दिए गए शब्दों के विलोम शब्द लिखिए–

शब्द	विलोम शब्द
अपमान	....
ईर्ष्या	....
निंदा	....
इच्छा	....
अनंत	....

प्रश्न 6. नीचे दिए गए मुहावरों का अर्थ लिखकर वाक्यों में प्रयोग कीजिए–

(क) आग में घी डालना

(ख) उल्लू बनाना

(ग) ठहाका मारकर हँसना

(घ) आँखों में आँसू आना

....

....

....

....

....

....

....

....

प्रश्न 7. चित्र देखकर लोकोक्ति लिखिए और अर्थ लिखकर वाक्य-प्रयोग कीजिए।

कुछ करने को

प्रश्न 8. यदि आप राजप्पा की जगह होते तो क्या करते?

10

झाँसी की रानी

शब्दार्थ

शब्द	अर्थ
भृकुटी	भौंहें
आज़ादी	स्वतंत्रता
फ़िरंगी	अंग्रेज
कृपाण	तलवार
बिरानी	सुनसान
मुदित	प्रसन्न

प्रश्न 1. नीचे दिए गए प्रश्नों के उत्तर लिखिए–

(क) लक्ष्मीबाई किसके साथ पढ़ती और खेलती थीं?

....

....

(ख) लक्ष्मीबाई के प्रिय खेल कौन-कौन से थे?

....

....

....

(ग) लक्ष्मीबाई किसकी अवतार थी?

....

....

(घ) लक्ष्मीबाई का विवाह किसके साथ हुआ था?

....

....

....

(ङ) डलहौजी क्यों खुश हुआ था?

....

....

(च) झाँसी की रानी ने अंग्रेज़ों के विरुद्ध युद्ध क्यों किया?

....

....

....

(छ) लक्ष्मीबाई किस वेश में अंग्रेज़ों से लड़ी और किसे हराया?

....

....

....

(ज) रानी लक्ष्मीबाई के बलिदान से हमें क्या सीख मिलती है?

....

....

....

प्रश्न 2. नीचे दिए गए प्रश्नों के उपयुक्त उत्तर पर (✓) का चिह्न लगाइए।

(क) भारत का प्रथम स्वतंत्रता संग्राम कब लड़ा गया?

(*i*) सन् 1957 में ☐ (*ii*) सन् 1945 में ☐

(*iii*) सन् 1857 में ☐

(ख) लक्ष्मीबाई बचपन में किसके साथ खेलती थी?

(i) कार, साइकिल, रथ, गुड़िया आदि। ☐

(ii) बरछी, ढाल, कृपाण, कटारी आदि। ☐

(iii) ताश, कैरम, शतरंज, कुश्ती आदि। ☐

(ग) रानी के संग कौन-सी सखियाँ आई थीं?

(i) काना और मंदरा ☐ (ii) रानी और विजया ☐

(iii) सीता और गीता ☐

(घ) रानी लक्ष्मीबाई की मृत्यु जब हुई तब उनकी उम्र क्या थी?

(i) 25 वर्ष ☐ (ii) 23 वर्ष ☐

(iii) 28 वर्ष ☐

प्रश्न 3. निम्नलिखित पंक्तियों का अर्थ स्पष्ट कीजिए–

(क) 'बूढ़े भारत में भी आई फिर से नई जवानी थी'।

....

....

....

....

....

....

....

(ख) 'किंतु कालगति चुपके-चुपके काली घटा घेर लाई'।

....

....

....

....

....

....

प्रश्न 4. मिलान कीजिए–

(क)	सिंहासन हिल उठे	सबने मन में ठानी थी।
(ख)	बूढ़े भारत में भी आई	कीमत सबने पहचानी थी।
(ग)	गुमी हुई आज़ादी की	फिर से नयी जवानी थी।
(घ)	दूर फ़िरंगी को करने की	राजवंशों ने भृकुटी तानी थी।

भाषा ज्ञान

प्रश्न 5. नीचे दी गई वर्ग-पहेली से समानार्थी शब्द ढूँढ़कर लिखिए।

मा	क	त्र	औ	ला	द
ल	ई	स	ख	ह	जं
कि	र	खी	ष	ल	ग
न	फ	ब	वि	वा	ह
प	श	क	इ	क्ष	अ

संतान – ....

सहेली – ....

ब्याह – ....

युद्ध – ....

रानी – ....

प्रश्न 6. नीचे दिए गए वाक्यों में रंगीन कारक का भेद बताइए–

(क) वह पढ़ाई में बहुत होशियार था। – ....

(ख) माँ ने उसे कई बार समझाया था। – ....

(ग) उसे माँ की दी हुई सीख याद आ रही थी। – ....

(घ) माँ को हँसी आ गई। – ....

(ङ) उसे अलबम से चिढ़ होने लगी थी। – ....

नोट: कारक आठ प्रकार के होते हैं। नीचे कारक और उनके विभक्ति-चिह्न दिए जा रहे हैं।

	कारक	विभक्ति-चिह्न
(1)	कर्ता	ने
(2)	कर्म	को
(3)	करण	से, के द्‌वारा
(4)	संप्रदान	को, के लिए
(5)	अपादान	से
(6)	संबंध	का, के, की, रा, रे, री
(7)	अधिकरण	में, पर
(8)	संबोधन	हे, अरे, ओ

प्रश्न 7. कोष्ठक में दिए गए शब्द का उचित रूप रिक्त स्थान में भरिए–

(क) हम इस वक्त .... को नहीं देखते। (मरीज)

(ख) हम सबने .... को देखा। (बन्दर)

(ग) कुछ .... ने खाना नहीं खाया। (बच्चा)

(घ) सभी .... मेरे पास हैं। (पुस्तक)

(ङ) विद्यालय में .... पढ़ रही हैं। (छात्रा)

प्रश्न 8. नीचे दिए गए रंगीन सर्वनाम शब्दों के सही भेद पर (✓) का चिह्न लगाइए।

(क) वह बोझिल कदमों से घर की ओर चल दिया।

(i) पुरुषवाचक सर्वनाम ☐ *(ii)* निश्चयवाचक सर्वनाम ☐

(iii) अनिश्चयवाचक सर्वनाम ☐ *(iv)* निजवाचक सर्वनाम ☐

(ख) यह मेरी बहन है।

(i) निश्चयवाचक सर्वनाम ☐ *(ii)* पुरुषवाचक सर्वनाम ☐

(iii) निजवाचक सर्वनाम ☐ *(iv)* संबंधवाचक सर्वनाम ☐

(ग) मुझे स्वयं वह काम देखना होगा।

(*i*) प्रश्नवाचक सर्वनाम ☐ (*ii*) पुरुषवाचक सर्वनाम ☐

(*iii*) निजवाचक सर्वनाम ☐ (*iv*) निश्चयवाचक सर्वनाम ☐

(घ) जो मेहनत करेगा, वह प्रथम आएगा।

(*i*) पुरुषवाचक सर्वनाम ☐ (*ii*) संबंधवाचक सर्वनाम ☐

(*iii*) प्रश्नवाचक सर्वनाम ☐ (*iv*) निश्चयवाचक सर्वनाम ☐

प्रश्न 9. चित्र देखकर कहावत लिखिए और वाक्य प्रयोग कीजिए।

....

....

....

....

....

....

....

कुछ करने को

प्रश्न 10. चित्र देखकर अनुच्छेद लिखिए।

....

....

....

....

....

....

....

....

11

जो देखकर भी नहीं देखते

शब्दार्थ

शब्द	अर्थ
अचरज	आश्चर्य
मधुर	मीठा
मुग्ध	मोहित (सुध-बुध खो बैठना)
दृष्टि	नजर, निगाह
नियामत	ईश्वर का दिया हुआ धन या वैभव।

प्रश्न 1. नीचे दिए गए प्रश्नों के उत्तर लिखिए–

(क) क्या परखने के लिए लेखिका अपने मित्रों की परीक्षा लेती है?

(ख) जंगल की सैर करने के बाद लौटी, प्रिय मित्र ने लेखिका को क्या जवाब दिया?

(ग) दृष्टिहीन होने के बावजूद लेखिका जंगल में क्या-क्या चीज़ें हैं, कैसे अनुभव करती है?

....

....

....

....

....

....

(घ) लेखिका के जीवन में कौन नया रंग और खुशियाँ भर जाता है?

....

....

(ङ) मनुष्य का स्वभाव कैसा है?

....

....

....

....

....

....

प्रश्न 2. रिक्त स्थान को भरिए–

(क) कभी-कभी मैं अपने .... की परीक्षा लेती हूँ।

(ख) वसंत के दौरान मैं टहनियों में नयी .... खोजती हूँ।

(ग) इस दौरान मुझे .... के जादू का कुछ अहसास होता है।

(घ) मनुष्य अपनी .... की कभी कदर नहीं करता।

(ङ) जबकि इस .... से ज़िंदगी को खुशियों के इंद्रधनुषी रंगों से हरा-भरा किया जा-सकता है।

प्रश्न 3. नीचे दिए गए प्रश्नों के उपयुक्त उत्तर पर (✓) का चिह्न लगाइए–

(क) लेखिका ने अपनी जिस प्रिय मित्र की परीक्षा ली थी वह कहाँ से लौटी थी?

(*i*) जंगल से ☐ (*ii*) नदी की ओर से ☐

(*iii*) विद्यालय से ☐ (*iv*) उपवन से ☐

(ख) लेखिका चीज़ों को कैसे पहचानती है?

(*i*) चखकर ☐ (*ii*) छूकर ☐

(*iii*) सूँघकर ☐ (*iv*) देखकर ☐

(ग) लेखिका टहनियों में नई कलियाँ कब खोजती है?

(*i*) वर्षा ऋतु में ☐ (*ii*) वसंत ऋतु में ☐

(*iii*) ग्रीष्म ऋतु में ☐ (*iv*) शरद ऋतु में ☐

(घ) पंखुड़ियाँ छूने और उनकी बनावट महसूस करने में लेखिका को किसके जादू का अहसास होता है?

(*i*) ईश्वर के ☐ (*ii*) जादूगर के ☐

(*iii*) प्रकृति के ☐ (*iv*) वसंत के ☐

(ङ) किस पेड़ की छाल चिकनी होती है?

(*i*) चीड़ ☐ (*ii*) भोजपत्र ☐

(*iii*) पीपल ☐ (*iv*) बरगद ☐

भाषा ज्ञान

प्रश्न 4. नीचे दिए गए वाक्यों में रंगीन शब्दों के पर्यायवाची शब्द भरकर वाक्य पूरे कीजिए–

(क) अतिथि आएँ तो .... नवाज़ी करनी ही पड़ती है।

(ख) फूलों की सुगंध से चारों ओर .... फैली है।

(ग) ग्रीष्म ऋतु में सभी .... से बेहाल थे।

(घ) निशा, तुम कल .... को कहाँ गई थी?

(ङ) मछली जल की रानी है, जीवन उसका .... है।

प्रश्न 5. 'आँख' शब्द का प्रयोग करते हुए पाँच मुहावरे लिखिए और मुहावरों का अर्थ लिखकर उनका वाक्यों में प्रयोग कीजिए।

....

....

....

....

....

....

....

....

....

....

प्रश्न 6. नीचे दिए गए शब्दों से भाववाचक संज्ञा बनाइए–

शब्द	भाववाचक संज्ञा
हरा	....
मित्र	....
प्यास	....
मधुर	....
ऊँचा	....

नोट:

भाववाचक संज्ञा*–*जिन संज्ञा-शब्दों से किसी व्यक्ति या वस्तु के गुण-दोष, भाव, दशा, अवस्था, स्वभाव आदि का बोध होता है, उन्हें भाववाचक संज्ञा कहते हैं।

जैसे*–*बुढ़ापा, मिठास, बचपन आदि।

प्रश्न 7. नीचे दिए गए शब्दों के शुद्ध रूप लिखिए–

शब्द	शुद्ध रूप
आर्शीवाद	....
विषेश	....
घन्टा	....
प्रशन्न	....
बसन्त	....
परिक्षा	....

कुछ करने को

प्रश्न 8. चित्र को देखकर इसके प्राकृतिक सौंदर्य का वर्णन करते हुए अनुच्छेद लिखिए–

....

....

....

....

....

....

....

....

....

....

....

....

....

....

12

संसार पुस्तक है

शब्दार्थ

शब्द	अर्थ
इरादा	विचार
दुनिया	संसार
आबाद	बसा हुआ
दरिया	नदी

प्रश्न 1. नीचे दिए गए प्रश्नों के उत्तर लिखिए–

(क) नेहरू जी और उनकी बेटी कहाँ थे?

....

....

(ख) नेहरू जी ने क्या लिखने का इरादा किया? और क्यों?

....

....

....

(ग) दुनिया का हाल जानने के लिए किन-किन बातों का ध्यान रखना पड़ेगा?

....

....

(घ) दुनिया का हाल जानने का असली तरीका क्या है?

....

....

(ङ) संसार की पुस्तक का छोटा-सा पृष्ठ क्या है?

....

....

(च) 'प्रकृति के अक्षर' से क्या तात्पर्य है?

....

....

(छ) 'गोल चमकीला रोड़ा' की क्या कहानी है?

....

....

....

....

....

....

(ज) गोल चमकीला रोड़ा एक सुंदर बालू का किनारा कैसे बनता है?

....

....

....

....

प्रश्न 2. नीचे दिए गए शब्दों को सही क्रम में लगाते हुए वाक्य बनाइए–

(क) पढ़ा है / इतिहास में / तुमने / कुछ हाल / हिंदुस्तान और इंग्लैंड / का।

....

....

(ख) सकती हो / तुम / पढ़ / किताबों में ही / इतिहास की

....

....

(ग) पढ़ना / तुम्हें उसे / आता हो / यही है कि / शर्त

....

....

(घ) पड़ा रहा / शायद / वह किसी / दामन में / पहाड़ के

....

....

(ङ) तुम उसे / किसी वजह से / छोड़ गया / दरिया उसे / पा गईं / और

....

....

प्रश्न 3. नीचे दिए गए प्रश्नों के उपयुक्त उत्तर पर (✓) का चिह्न लगाइए–

(क) यह धरती कितने वर्ष पुरानी है।

(*i*) दो वर्ष ☐ (*ii*) लाखों वर्ष ☐

(*iii*) लाखों करोड़ों वर्ष ☐

(ख) तुमने हिंदुस्तान और इंग्लैंड का कुछ हाल किसमें पढ़ा है?

(*i*) इतिहास ☐ (*ii*) समाजशास्त्र ☐

(*iii*) शिक्षाशास्त्र ☐

(ग) दुनिया एक है और दूसरे लोग जो इसमें आबाद हैं हमारे कौन हैं?

(*i*) बहन-बहन ☐ (*ii*) भाई-बहन ☐

(*iii*) भाई-भाई ☐

(घ) बालू के किनारे पर कौन खेलता है?

(*i*) पशु-पक्षी ☐ (*ii*) बड़े लोग ☐

(*iii*) छोटे-छोटे बच्चे ☐

प्रश्न 4. रिक्त स्थान भरिए–

(क) .... केवल एक छोटा-सा टापू है।

(ख) यह धरती .... वर्ष पुरानी है।

(ग) पहले तुम्हें .... पढ़ने पड़ेंगे।

(घ) मैं .... में बहुत थोड़ी-सी बातें ही बतला सकता हूँ।

(ङ) एक सुंदर .... बन जाता है।

भाषा ज्ञान

प्रश्न 5. नीचे दिए गए वाक्यों से क्रियाविशेषण शब्द ढूँढ़कर लिखिए और उनके भेद भी बताइए–

		शब्द	भेद
उत्तर–	(क) मयंक अंदर चला गया।	....	....
	(ख) मोटर धीरे-धीरे चलने लगी।	....	....
	(ग) वनिता विद्यालय से अभी आई है।	....	....
	(घ) घोड़ा तेजी से दौड़ने लगा।	....	....
	(ङ) वह कम बोलता है।	....	....

नोट:

क्रिया विशेषण के भेद–

कालवाचक क्रिया विशेषण– *क्रिया के समय का बोध कराने वाले विशेषण शब्द,*

जैसे– *पहले, बाद में, कल, अभी-अभी आदि।*

रीतिवाचक क्रिया विशेषण– *क्रिया की रीति का बोध कराने वाले विशेषण शब्द,*

जैसे– *धीरे-धीरे, तेजी से, चुपके-चुपके, मन-ही-मन आदि।*

स्थानवाचक क्रिया विशेषण– *क्रिया के स्थान का बोध कराने वाले विशेषण शब्द,*

जैसे– *ऊपर-नीचे, अंदर-बाहर, यहाँ-वहाँ आदि।*

परिमाणवाचक क्रिया विशेषण– *क्रिया के परिमाण का बोध कराने वाले विशेषण शब्द,*

जैसे– *बहुत, ज्यादा, कम, थोड़ा, ज़रा, उतना, जितना आदि।*

प्रश्न 6. नीचे दिए गए शब्दों से प्रत्यय अलग करके लिखिए–

		मूल शब्द		प्रत्यय
(क) चमकीला	–	....	+	....
(ख) स्वतंत्रता	–	....	+	....
(ग) नोकीला	–	....	+	....
(घ) गरमाहट	–	....	+	....
(ङ) भलाई	–	....	+	....

प्रश्न 7. चित्र देखकर पाँच मुहावरे लिखिए और उनके अर्थ लिखकर वाक्य-प्रयोग कीजिए।

कुछ करने को

प्रश्न 8. चित्र देखकर इनके विषय में कुछ पंक्तियाँ लिखिए।

....

....

....

....

....

....

....

....

....

....

....

....

....

....

....

....

13

मैं सबसे छोटी होऊँ

शब्दार्थ

शब्द	अर्थ
अंचल	पल्ला (धोती, ओढ़नी आदि का एक सिरा)
मात	माँ
मुख	मुँह
सज्जित	सजा हुआ
गात	काया, शरीर
निर्भय	निडर

प्रश्न 1. नीचे दिए गए प्रश्नों के उत्तर लिखिए–

(क) कविता में बालिका सबसे छोटी बनी रहना क्यों चाहती है?

....

....

....

(ख) कविता में बालिका को बड़ा बनाकर माँ क्या करती है?

....

....

(ग) माँ बालिका को किसकी कहानियाँ नहीं सुनाती है?

....

(घ) कविता के अनुसार माँ अपने बच्चों के लिए क्या-क्या काम करती है?

....

....

....

....

प्रश्न 2. आशय स्पष्ट कीजिए–

(क) मैं सबसे छोटी होऊँ,

तेरी गोदी में सोऊँ,

....

....

....

....

(ख) ऐसी बड़ी न होऊँ मैं

तेरा स्नेह न खोऊँ मैं,

....

....

....

....

प्रश्न 3. नीचे दिए गए प्रश्नों के उपयुक्त उत्तर पर (✓) का चिह्न लगाइए–

(क) बच्ची किसके साथ रहने के लिए बड़ी नहीं होना चाहती?

(*i*) माँ ☐ (*ii*) पिता ☐

(*iii*) दादी माँ ☐ (*iv*) नानी माँ ☐

(ख) माँ का आँचल पकड़कर बच्ची क्या करना चाहती है?

(i) कहानी सुनना ☐ (ii) बातें करना ☐

(iii) खिलौने माँगना ☐ (iv) घूमना-फिरना ☐

(ग) पाठ में परियों को कैसा बताया गया है?

(i) दुखद ☐ (ii) सुंदर ☐

(iii) सुखद ☐ (iv) वरदान देने वाली ☐

(घ) 'गात' शब्द का अर्थ है।

(i) शरीर ☐ (ii) गाना ☐

(iii) माता ☐ (iv) हवा ☐

(ङ) 'चंद्रोदय' का संधि-विच्छेद क्या होगा?

(i) चंद्रा + उदय ☐ (ii) चंद्र + उदय ☐

(iii) चंद्रो + दय ☐ (iv) चंद्र + ओदय ☐

भाषा ज्ञान

प्रश्न 4. नीचे दिए गए शब्दों में 'कर' लगाकर शब्दों को पूरा कीजिए और वाक्य बनाइए–

(क) पकड़ (ख) छोड़ (ग) सुना (घ) दिखा

(ङ) छिपा।

....

....

....

....

....

....

प्रश्न 5. नीचे दिए गए उपसर्गों से बने शब्द लिखिए–

(क)	सु	....	....	....
(ख)	नि	....	....	....
(ग)	क	....	....	....
(घ)	उप	....	....	....
(ङ)	अनु	....	....	....

प्रश्न 6. वर्ग-पहेली से समानार्थी (पर्यायवाची) शब्द ढूँढ़कर लिखिए–

ज	झ	ठ	ह	स्‍	त
ट	मुँ	ङ	मे	य	र
इ	ह	च	शा	फ	ब
क्ष	श	स	ग	भ	प्रे
ष	क	माँ	ल	त	म

मुख – ....

स्नेह – ....

सदा – ....

हाथ – ....

माता – ....

प्रश्न 7. कविता में 'दिन-रात' शब्द आया है। आप भी ऐसे पाँच शब्द सोचकर लिखिए और उनके वाक्य बनाइए–

....

....

....

....

....

....

कुछ करने को

प्रश्न 8. आप बड़े होना चाहते हैं या छोटे ही रहना चाहते हैं बताइए और क्यों?

....

....

....

....

....

....

प्रश्न 9. आपको सुलाते समय माँ क्या सुनाती है उसकी कुछ पंक्तियाँ लिखिए।

....

....

....

....

....

....

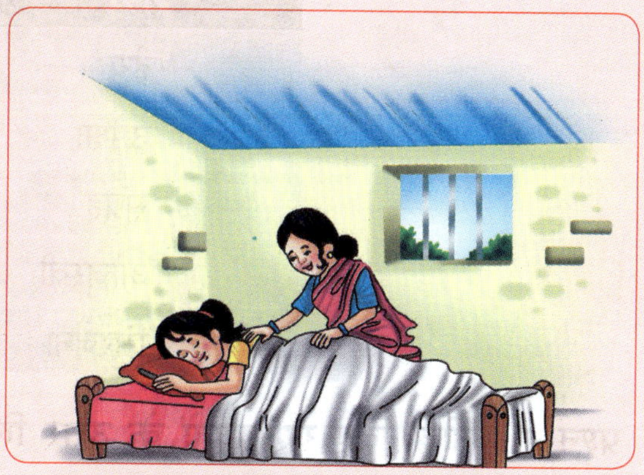

....

प्रश्न 10. बच्ची माँ से चंद्रमा दिखाने की बात कहती है लेकिन वह कहते कहते सो जाती है और सपने में चाँद की सैर करती है। नीचे दिए गए चित्र को देखकर अनुच्छेद लिखिए।

....

....

....

....

....

14 लोकगीत

शब्दार्थ

शब्द	अर्थ
हेय	तुच्छ
उपेक्षा	उचित ध्यान न देना
संग्रह	एकत्र करना, इकट्ठा करना
ओजस्वी	प्रभावशाली, जोश पैदा करने वाला
सिरजना	सृजन करना, रचना करना

प्रश्न 1. नीचे दिए गए प्रश्नों के उत्तर लिखिए–

(क) लोकगीत, शास्त्रीय संगीत से क्यों भिन्न है?

....

....

(ख) लोकगीत कब गाए जाते हैं और इनकी रचना किसने की?

....

....

....

....

(ग) लोकगीत किसकी मदद से गाए जाते हैं?

....

....

(घ) आदिवासी क्षेत्रों में लोकगीत किस तरह गाए जाते हैं?

....

....

(ङ) चैता, कजरी, बारहमासा, सावन आदि लोकगीत किन जिलों में गाए जाते हैं?

....

....

(च) 'बिदेसिया' का प्रचार कब से हुआ है और इन गीतों में किसकी बात रहती है और कौन-सा रस बरसता है?

....

....

....

....

(छ) वे कौन-कौन से अवसर हैं जिन पर स्त्रियाँ अलग-अलग गीत गाती हैं?

....

....

....

....

प्रश्न 2. नीचे दिए गए वाक्यों के सामने सही (✓) और गलत (✗) का चिह्न लगाइए–

(क) लोकगीतों का वास्तविक स्वरूप शहरों में मिलता है। ☐

(ख) हीर-राँझा, सोहनी-महिवाल संबंधी गीत पंजाबी में गाए जाते हैं। ☐

(ग) भोजपुरी में बिदेसिया लोकप्रिय नहीं है। ☐

(घ) कहरवा, बिरहा, धोबिया आदि देहात में बहुत गाए जाते हैं।

(ङ) स्त्रियाँ ढोलक की मदद से गाती हैं।

प्रश्न 3. कौन-सा लोकगीत कहाँ गाया जाता है? मिलान कीजिए–

	लोकगीत	स्थान
(क)	गरबा	राजस्थान
(ख)	आल्हा	गुजरात
(ग)	बाउल और भतियाली	पंजाब
(घ)	माहिया	बुंदेलखंड
(ङ)	ढोला-मारू	बंगाल

प्रश्न 4. रिक्त स्थान भरिए–

(क) लोकगीत अपनी लोच, ताज़गी और लोकप्रियता में .... से भिन्न हैं।

(ख) लोकगीत बाजों की मदद के बिना ही या साधारण .... आदि की मदद से गाए जाते हैं।

(ग) लोगों ने विविध बोलियों के .... और .... के संग्रह पर कमर बाँधी है।

(घ) गुजरात का एक प्रकार का दलीय गायन .... है।

(ङ) गाँव के गीतों के वास्तव में .... प्रकार है।

भाषा ज्ञान

प्रश्न 5. नीचे दिए गए शब्दों के बहुवचन रूप पर (✓) का चिह्न लगाइए–

(क) लोकगीत

(i) लोकगीतें ☐ (ii) लोकगीत ☐

(iii) लोकगीतों ☐

(ख) त्योहार

(i) त्योहारों ☐ (ii) त्योहार ☐

(iii) त्योहारी ☐

(ग) देहात

(i) देहाती ☐ (ii) देहातें ☐

(iii) देहातों ☐

(घ) गीत

(i) गीतें ☐ (ii) गीता ☐

(iii) गीतों ☐

(ङ) पहाड़

(i) पहाड़ी ☐ (ii) पहाड़ियों ☐

(iii) पहाड़ ☐

प्रश्न 6. नीचे दिए गए अनेक शब्दों के लिए एक शब्द लिखिए–

(क) शहर में रहने वाला – ....

(ख) जो गाता हो – ....

(ग) गाँव में रहने वाला – ....

(घ) जिसकी बहुत अधिक चर्चा हो – ....

(ङ) जिसका कोई अंत न हो – ....

प्रश्न 7. आप पाठ 10 में कारक-चिह्नों के संबंध में पढ़ चुके हैं। इसलिए उपयुक्त विभक्ति-चिह्न को रिक्त स्थानों में भरिए–

अनंत संख्या अपने देश .... स्त्रियों के गीतों .... है। हैं तो ये गीत भी लोकगीत ही, ... अधिकतर इन्हें औरतें ही गाती हैं। इन्हें सिरजती भी अधिकतर वहीं हैं। वैसे मर्द रचने वालों या गाने वालों .... भी कमी नहीं है .... इन गीतों .... संबंध विशेषत: स्त्रियों .... है। इस दृष्टि .... भारत इस दिशा .... सभी देशों से भिन्न है क्योंकि संसार .... अन्य देशों .... स्त्रियों के अपने गीत मर्दों या जनगीतों .... अलग और भिन्न नहीं हैं, मिले-जुले ही हैं।

प्रश्न 8. वाक्यों में दिए गए अशुद्ध शब्दों को शुद्ध करके वाक्य पुनः लिखिए–

(क) लोकगीत तयोहारों और विशेश अवसरों पर गाए जाते हैं।

....

(ख) पहड़ियों के अपने-अपने गीत है।

....

(ग) वासतविक लोकगीत देश के गाँवो और देहातों में है।

....

(घ) अनंत संखया अपने देश में स्त्रीयों के गीतों की है।

....

(ङ) गुजरात का एक प्रकार का दलिय गयन 'गरबा' है।

....

कुछ करने को

प्रश्न 9. अपनी दादी, नानी और माँ से लोकगीतों के बारे में चर्चा कीजिए।

प्रश्न 10. चित्र देखकर एक लोकगीत लिखिए–

15
नौकर

शब्दार्थ

शब्द	अर्थ
शिविर	अस्थायी विश्राम स्थल
अतिथि	मेहमान
बैरिस्टरी	वकालत
आगंतुक	आने वाला
निष्फल	जिसका कोई परिणाम न निकले

प्रश्न 1. नीचे दिए गए प्रश्नों के उत्तर लिखिए–

(क) गाँधी जी प्रतिदिन सुबह क्या काम करते थे? और उसमें उनका हाथ कौन बँटाता था?

(ख) गेहूँ पीसने से पहले वह किस बात पर ज़ोर देते थे?

(ग) कॉलेज के छात्रों से गाँधी जी ने कौन-सा काम करवाया और क्यों?

....

....

....

....

....

....

(घ) दक्षिण अफ्रीका की जेल में गाँधी जी क्या कार्य कर चुके थे?

....

....

(ङ) दक्षिण अफ्रीका से भारत आने पर गाँधी जी कहाँ गये? और वहाँ पर उन्होंने क्या-क्या काम किया?

....

....

....

....

....

....

....

....

प्रश्न 2. किसने, किससे कहा?

	कथन	किसने कहा	किससे कहा
(क)	"अगर आपके पास समय हो, तो इस थाली के गेहूँ बीन डालिए।"	....	....

(ख)	"आपने हम लोगों के लिए यह सब कष्ट क्यों किया? क्या यह उचित है कि हम आपसे सेवा कराएँ?"	....	....
(ग)	क्यों नहीं। मैं जानता था कि तुम लोग थके-माँदे लौटोगे। तुम्हारा नाश्ता तैयार करने के लिए मेरे पास खाली समय था।"	....	....
(घ)	"यह काम आपका नहीं है? इसे करने को और बहुत से लोग हैं।"	....	....
(ङ)	"मेरे पास बहुत से पत्र इकट्ठे हो गए हैं जिनका जवाब देना है। मेरे पास कोई कारकुन नहीं है जिसे यह काम दूँ। क्या तुम यह काम करने को तैयार हो?"	....	....

प्रश्न 3. नीचे दिए गए प्रश्नों के उपयुक्त उत्तर पर (✓) का चिह्न लगाइए–

(क) कॉलेज के छात्रों को किस भाषा के ज्ञान पर बड़ा गर्व था?

(*i*) हिंदी भाषा ☐ (*ii*) अंग्रेज़ी भाषा ☐

(*iii*) अरबी भाषा ☐

(ख) गाँधी जी ने जब खाखरा बनाने की विधि बताई। उस समय गाँधी जी की उम्र क्या थी?

(*i*) साठ वर्ष ☐ (*ii*) पचहत्तर वर्ष ☐

(*iii*) अठहत्तर वर्ष ☐

(ग) गाँधी जी को किससे बहुत प्रेम था?

(*i*) फूलों से ☐ (*ii*) बच्चों से ☐

(*iii*) जानवरों से ☐

(घ) गाँधी जी नौकरों को क्या समझते थे?

(i) अपना भाई ☐ (ii) नौकर ☐

(iii) वेतन भोगी मज़दूर ☐

(ङ) कहाँ के ऊँचे घरानों में घरेलू नौकरों को परिवार का आदमी माना जाता था?

(i) इंग्लैण्ड ☐ (ii) जापान ☐

(iii) दक्षिण अफ्रीका ☐

भाषा ज्ञान

प्रश्न 4. नीचे दिए गए मुहावरों का अर्थ लिखकर वाक्यों में प्रयोग कीजिए–

(क) धरना देना (ख) नीचा दिखाना

(ग) भार उठाना (घ) हाथ बँटाना

....

....

....

....

....

....

....

....

प्रश्न 5. नीचे दिए गए शब्दों के विलोम शब्द लिखिए–

	शब्द	विलोम शब्द
(क)	सेवक	....
(ख)	दुबली	....

(ग)	श्रीमती	....
(घ)	छात्र	....
(ङ)	सम्मान	....

प्रश्न 6. **नीचे दिए गए शब्दों में 'ई' प्रत्यय लगाकर शब्द बनाइए–**

(क) पिसा – पिसा + ई = ...

(ख) बुना – बुना + ई = ...

(ग) चढ़ा – चढ़ा + ई = ...

(घ) सफ़ा – सफ़ा + ई = ...

(ङ) कटा – कटा + ई = ...

कुछ करने को

प्रश्न 7. **आप पूरा दिन क्या-क्या काम करते हैं सूची बनाइए?**

....

....

....

....

....

....

....

....

....

....

प्रश्न 8. चित्र देखकर नौकर, मालिक और चौधरी जी के बीच हुई बातचीत को संवाद के रूप में लिखिए।

नौकर– ....

....

मालिक– ....

....

नौकर– ....

....

मालिक– ....

....

चौधरी जी– ....

....

मालिक– ....

....

16

वन के मार्ग में

शब्दार्थ

शब्द	अर्थ
केतिक	कितना
पर्नकुटी	पत्तों से बनी कुटिया
आतुरता	उतावलापन, व्याकुलता
विलंब	देर तक
बिलोचन	आँखें

प्रश्न 1. नीचे दिए गए प्रश्नों के उत्तर लिखिए–

(क) पहले सवैये में कवि ने राम-सीता के किस प्रसंग का वर्णन किया है?

....

....

(ख) वन के मार्ग में सीता को कौन-सी कठिनाइयाँ हुईं?

....

....

....

....

(ग) सीता की आतुरता देखकर राम की क्या प्रतिक्रिया होती है?

....

....

....

....

(घ) राम देर तक पैर से काँटे क्यों निकालते रहे?

....

....

(ङ) 'धरि धीर दए' का आशय क्या है?

....

....

....

....

प्रश्न 2. निम्नलिखित पंक्तियों को पूरा करें–

पुर तें निकसी रघुबीर-बधू, ...।

...., पुट सूखि गए मधुरा धर वै॥

फिरि बूझति है,"चलनो अब केतिक, ..."।

.... अँखियाँ अति चारू चलीं जल च्वै॥

प्रश्न 3. नीचे दिए गए प्रश्नों के उपयुक्त उत्तर पर (✓) का चिह्न लगाइए–

(क) श्री राम और सीता जी कहाँ जाने के लिए निकले थे?

(*i*) मिथिला ☐ (*ii*) लंका ☐

(*iii*) अयोध्या ☐ (*iv*) वन ☐

(ख) सीता जी श्री राम को रुकने के लिए क्यों कहती हैं?

(*i*) विश्राम के लिए ☐ (*ii*) लक्ष्मण के लिए ☐

(*iii*) जल के लिए ☐ (*iv*) इनमें से कोई नहीं ☐

(ग) वन मार्ग पर कुछ ही दूर जाते ही सीता जी की क्या दशा हुई?

(*i*) माथे पर पसीना छलक उठा ☐

(*ii*) ओंठ सूख गए ☐

(*iii*) वे बेचैन हो उठी ☐

(*iv*) उपरोक्त सभी ☐

(घ) 'डग' शब्द का अर्थ क्या है?

(*i*) डगर ☐ (*ii*) कदम ☐

(*iii*) डगमगाना ☐ (*iv*) शांत ☐

(ङ) 'आँख' शब्द का पर्यायवाची इनमें से कौन-सा शब्द नहीं है?

(*i*) चक्षु ☐ (*ii*) दृग ☐

(*iii*) नयन ☐ (*iv*) वदन ☐

प्रश्न 4. यदि आपको किसी वस्तु की इच्छा होती है और कुछ समय बाद पूरी हो जाती है तो आपको कैसा लगता है? और जब पूरी नहीं हो पाती है तो आपको कैसा लगता है? लिखिए।

....

....

....

....

....

....

....

....

भाषा ज्ञान

प्रश्न 5. नीचे दिए गए शब्दों के शुद्ध रूप लिखिए–

शब्द	शुद्ध रूप
लक्खन	....
बिलोचन	....
बिलंब	....
कंटक	....
स्रम	....

प्रश्न 6. नीचे दिए गए शब्दों के चार पर्यायवाची शब्द लिखिए–

	शब्द	पर्यायवाची शब्द
(क)	आँख	....
(ख)	जल	....
(ग)	पत्नी	....
(घ)	राजा	....
(ङ)	वन	....

प्रश्न 7. निम्नलिखित अर्थ के लिए उचित मुहावरा लिखिए–

	अर्थ	मुहावरे
(क)	अन्न जल न मिलना	....
(ख)	बुरी दशा में इधर-उधर घूमना	....
(ग)	तैयार होना	....
(घ)	सम्मान मिलना	....
(ङ)	बहुत प्यारा	....

कुछ करने को

प्रश्न 8. श्री राम और सीता जी के बारे में कुछ पंक्तियाँ लिखिए।

....

....

....

....

....

....

....

....

....

....

17

साँस-साँस में बाँस

शब्दार्थ

शब्द	अर्थ
करतब	बाज़ीगरी, कौशल
दफ़नाना	जमीन में गाड़ना
बहुतायत	अधिकता
प्रचलन	चलनसार होना
तरक़ीब	ढंग, तरीका
हुनर	कला, कारीगरी

प्रश्न 1. नीचे दिए गए प्रश्नों के उत्तर लिखिए–

(क) जादूगर का क्या नाम था? और जादूगर की कब्र से क्या निकला?

....

....

(ख) बाँस बहुतायत में कहाँ होता है?

....

....

....

(ग) बाँस की बुनाई का रिश्ता किस दौर से है?

....

....

(घ) बाँस की खपच्चियों से कौन-कौन सी चीजें बनाई जाती हैं?

....

....

....

(ङ) बाँस को बूढ़ा कब कहा जाता है? बूढ़े बाँस में कौन-सी विशेषता होती है?

....

....

प्रश्न 2. नीचे दिए गए प्रश्नों के उपयुक्त उत्तर पर (✓) का चिह्न लगाइए–

(क) जादूगर की कब्र कब खोदी गई?

(*i*) मौत के छठे दिन ☐

(*ii*) मौत के दूसरे दिन ☐

(*iii*) मौत के सातवें दिन ☐

(ख) कहाँ के निवासियों में बाँस की चीजें बनाने का खूब प्रचलन है?

(*i*) जापान के ☐ (*ii*) नागालैण्ड के ☐

(*iii*) रूस के ☐

(ग) बाँस की टोपियाँ कहाँ के लोग पहनते हैं?

(*i*) पंजाब ☐ (*ii*) राजस्थान ☐

(*iii*) असम ☐

(घ) बाँस इकट्ठा करने का सही वक्त क्या है?

(*i*) जुलाई से अक्टूबर ☐ (*ii*) जून से जुलाई ☐

(*iii*) अगस्त से अक्टूबर ☐

(ङ) असम के चाय के बागानों में चाय की पत्तियाँ किस चीज़ में एकत्र की जाती हैं?

(i) बाँस की बड़ी सी टोकरी

(ii) बाँस की छोटी सी टोकरी

(iii) बाँस का बरतन

प्रश्न 3. नीचे दिए गए शब्दों को सही क्रम में लगाते हुए वाक्य बनाइए–

(क) बड़े-बड़े / दिखलाए / उन्होंने / करतब / जीवन में / अपने

....

....

(ख) बनतीं / बाँस से / टोकरियाँ / केवल / ही / नहीं

....

....

(ग) जाती हैं / बनाई / टोपियाँ भी / तरह-तरह / खपच्चियों से / की

....

....

(घ) जरूरी है / टोकरी / पहले / खपच्चियों को / बनाने से / चिकना / बनाना / बहुत।

....

....

(ङ) जाता है / दो या तीन / ऊपर और नीचे से / टुइल बुनना / हो तो / तानों के / हरेक बाना।

....

....

प्रश्न 4. रिक्त स्थान भरिए–

(क) .... भारत के विभिन्न हिस्सों में .... में होता है।

(ख) .... के निवासियों में बाँस की चीज़ें बनाने का खूब प्रचलन है।

(ग) बाँस की .... से ढेर चीज़ें बनाई जाती हैं।

(घ) बाँस से .... और .... अलग कर दी जाती हैं।

(ङ) खपच्चियाँ चीरना .... का काम है।

भाषा ज्ञान

प्रश्न 5. नीचे दिए गए शब्दों में 'आवट' प्रत्यय लगाकर शब्द बनाइए–

(क) लिख – लिख + आवट = ...

(ख) बुन – बुन + आवट = ...

(ग) सज – सज + आवट = ...

(घ) मिल – मिल + आवट = ...

प्रश्न 6. नीचे दिए गए शब्दों का वर्ण-विच्छेद कीजिए–

(क) आमरण = ...

(ख) आकांक्षा = ...

(ग) आशीर्वाद = ...

(घ) अनुग्रहित = ...

(ङ) उज्ज्वल = ...

अपठित गद्यांश

प्रश्न 7. नीचे दिए गद्यांश को पढ़िए और प्रश्नों के उत्तर दीजिए–

पाषाण युग में जब मनुष्य वस्त्र से परिचित नहीं था। तब वह वृक्षों की छाल तथा बड़े-बड़े पत्तों से अपने शरीर को ढकता था। जब मनुष्य ने शिकार करना सीखा तो जंतुओं की खालों को अपने शरीर पर लपेटना शुरू कर दिया। जब मनुष्य ने कृषि के बारे में जाना तो उसने एक जगह पर रहना शुरू कर दिया। उसने अपनी प्रतिदिन की आवश्यक वस्तुओं का निर्माण करना प्रारंभ किया। पेड़ों की पतली टहनियों और घास-फूस से उसने चटाइयाँ, डलियाँ और टोकरियाँ बनाना सीखा। इसी दौरान उसने जंतुओं को पालना

भी सीखा और ऊन से परिचित हुए। उस समय उसने जंतुओं के बालों, ऊन और पेड़ों की लताओं को आपस में गूँथकर वस्त्र तैयार किए।

(क) पाषाण युग में मनुष्य अपना शरीर कैसे ढकता था?

....

....

....

(ख) शिकार सीखने के बाद मनुष्य अपने शरीर पर क्या लपेटने लगा?

....

....

....

(ग) मनुष्य ने एक जगह पर रहना कब से शुरू किया?

....

....

....

(घ) पेड़ों की पतली टहनियों और घास-फूस से उसने क्या-क्या बनाना सीखा?

....

....

....

(ङ) मनुष्य ने किन चीज़ों को गूँथकर वस्त्र तैयार किए?

....

....

....

कुछ करने को

प्रश्न 8. माचिस की तीलियों से कुछ कलात्मक चीज़ें बनाइए।

1.

2.

3.